BEI GRIN MACHT SICH IHR WISSEN BEZAHLT

AF167889

- Wir veröffentlichen Ihre Hausarbeit, Bachelor- und Masterarbeit

- Ihr eigenes eBook und Buch - weltweit in allen wichtigen Shops

- Verdienen Sie an jedem Verkauf

Jetzt bei www.GRIN.com hochladen und kostenlos publizieren

Bibliografische Information der Deutschen Nationalbibliothek:

Die Deutsche Bibliothek verzeichnet diese Publikation in der Deutschen National-
bibliografie; detaillierte bibliografische Daten sind im Internet über http://dnb.d-
nb.de/ abrufbar.

Impressum:

Copyright © 2010 GRIN Verlag, Open Publishing GmbH
Druck und Bindung: Books on Demand GmbH, Norderstedt Germany
ISBN: 9783656280996

Dieses Buch bei GRIN:

http://www.grin.com/de/e-book/146198/amy-johnson-mollison-englands-erste-
flugzeugmechanikerin

Ernst Probst

Amy Johnson-Mollison - Englands erste Flugzeugmechanikerin

GRIN Verlag

Ernst Probst

Amy Johnson-Mollison

Englands erste Flugzeugmechanikerin

Amy Johnson-Mollison (1903–1941)
gewidmet

Geburtshaus von Amy Johnson-Mollison (1903–1941)
in der St. George's Road in Hull

Die berühmteste Pilotin Englands war Amy Johnson-Mollison (1903–1941), geborene Johnson. Sie wurde als erste Frau in Großbritannien zur Flugzeugmechanikerin ausgebildet und flog als erste Frau allein von England nach Australien. Ihr letzter Flug, bei dem sie ums Leben kam und nach dem ihr Leichnam nie gefunden wurde, hat zur Legendenbildung beigetragen.

Amy Johnson kam am 1. Juli 1903 in der englischen Hafenstadt Hull (Yorkshire) zur Welt. Ihr Vater John William Johnson war ein erfolgreicher und wohlhabender Fischhändler. Ihre Mutter Amy Hodge war die Enkelin von William Hodge, Bürgermeister von Hull im Jahre 1860. Amy erlebte eine behütete und sorglose Kindheit. Ungeachtet dessen rebellierte sie mit ihrem Dickkopf gegen alles, was ihre Freiheit einschränkte.

Einerseits galt Amy als gute Schülerin, andererseits hatte sie als Anstifterin von Streichen bei den Lehrkräften einen schlechten Ruf. Beispielsweise organisierte sie einen Schwimmwettkampf in einem Bad, nachdem der Schulleiter die Gründung eines Mädchenschwimmclubs in der Schule abgelehnt hatte, weil er Schwimmen für undamenhaft hielt.

Eines Tages plante Amy einen Boykott der bei den Kindern verhassten Strohhüte, die als Teil der Schuluniform getragen werden mussten. Morgens kam sie als Einzige mit einem Panamahut – statt mit einem Strohhut – in die Klasse. Ihre Mitschülerinnen dagegen erschienen wie immer mit Strohhut, obwohl sie zuvor hoch und heilig genau das Gegenteil verspochen hatten.

Das sportliche Mädchen spielte am liebsten nur mit Jungen begeistert Hockey und Cricket. Als 14-Jährige verlor Amy durch einen Cricketball zwei Schneidezähne. Ihre vermögenden Eltern konnten sich einen teuren Zahnarzt leisten und Amy erhielt ein gutes künstliches Gebiss. Ungeachtet dessen fühlte sie sich entstellt und litt ihr Selbstbewusstsein stark.

Amy Johnson besuchte von 1915 bis 1922
die „Boulevard High School" (heute „Kingston High School") in Hull

Damit werden oft ihre späteren Depressionen und ihre Über-
empfindlichkeit erklärt.

Nach ihrem Studium an der Universität Sheffield und dem
Erwerb ihres „Bachelor of Arts" zog Amy Johnson nach
London. Dort fand die etwas menschenscheue junge Frau
nach langer Suche zunächst eine Stelle als Sekretärin im Büro
eines Rechtsanwaltes. Ihre Fähigkeiten in Stenographie waren
aber für diese Arbeit unzureichend, was sie nicht zuzugeben
wagte, und sie hasste bald diesen Job. In einer Werbeagentur
gefiel es ihr anschließend auch nicht besser. Erst der nächste
Job in einer Anwaltskanzlei behagte ihr schließlich. Dort hörte
sie Motorengeräusche startender und landender Flugzeug vom
nahen Flugplatz „Stag Lane" und kam auf die Idee, das Fliegen
zu lernen.

Eine Flugstunde kostete damals fünf Pfund, was genau dem
Wochenlohn von Amy Johnson entsprach. Doch sie fand eine
preiswertere Unterrichtsmöglichkeit. Sie zahlte eine Aufnah-
megebühr von sechs Pfund beim „London Aeroplane Club"
und durfte dann als Mitglied geschult werden. Amy absolierte
1928/1929 insgesamt 15 Flugstunden. Bei ihrer ersten
Flugstunde trug sie einen geliehenen, viel zu großen Helm,
hörte alle Anweisungen des Fluglehrers wie durch Watte und
machte deswegen vieles falsch. Beim nächsten Mal hatte sie
zwar den richtigen Helm auf, aber der Fluglehrer hielt sie
angeblich nun schon für eine Idiotin. Als Flugschülerin und
auch später als Pilotin landete Amy nie weich, sondern immer
hart. Manche ihrer Freunde spotteten deswegen: „Amy
landet nicht, Amy kommt an". Am 9. Juni 1929 machte die
28-Jährige ihren ersten Alleinflug und im August 1929 den
Pilotenschein.

Im Gegensatz zu vielen anderen Fliegerinnen ihrer Zeit
interessierte sich Amy Johnson auch für die Mechanik und
wartete und reparierte ihre Flugzeuge selbst. Als ihr C. S. „Jack"
Humphreys, der Leiter der Flughafenmechaniker, anbot, sie

als Mechanikerlehrling einzustellen, sagte Amy sofort zu. Denn mit ihrer Arbeit nur als Sekretärin war sie nicht zufrieden. Während ihrer Lehrzeit als Mechaniker fühlte sie sich ständig überarbeitet, ausgenutzt und schlecht behandelt, hielt aber eisern durch. Ihre männlichen Kollegen schätzten sie nach anfänglichen Schwierigkeiten sehr und nannten sie „Johnnie". Im Dezember 1929 legte Amy Johnson erfolgreich als erste Frau in Großbritannien ihre Prüfung als Flugzeugmechaniker ab. Damals war es ihr großer Traum, Berufspilotin zu werden – eine Vorstellung, die zur damaligen Zeit in der Männerwelt auf wenig Gegenliebe stieß.

Um Anerkennung zu finden, plante Amy Johnson etwas Außergewöhnliches: Sie wollte allein von England nach Australien fliegen und dabei den 1928 von dem australischen Flugpionier Bert Hinkler (1892–1933) aufgestellten Rekord von fünfzehneinhalb Tagen brechen. Die reine Flugzeit hatte 128 Stunden betragen. Mit finanzieller Hilfe ihres Vaters kaufte sie ein einmotoriges Flugzeug „De Havilland Gipsy Moth", lackierte es grün und nannte es „Jason". So hießen der griechische Sagenheld,, der das „Goldene Vlies" suchte, und die Fischhandlung ihres Vaters.

Laut Online-Lexikon „Wikipedia" war Ende der 1920-er Jahre bzw. Anfang der 1930-er Jahre die Konkurrenz um Sponsoren für wagemutige Flugunternehmen extrem hart. Doch nach vielen Anstrengungen und Rückschlägen erklärte sich endlich der britische Ölunternehmer Charles Wakefield (1859–1941) bereit, die Hälfte der Kosten für den Australienflug zu übernehmen und bei den Etappenlandungen Treibstoff bereitzustellen.

Amy Johnson bereitete ihren Australienflug akribisch vor. Am 5. Mai 1930 startete die damals noch völlig unbekannte 26-Jährige auf dem Londoner Flugplatz Croydon mit ihrer „Gipsy Moth". Lediglich ihr Vater und einige Fliegerkollegen waren dabei anwesend. Die Presse hatte an der unerfahrenen Pilotin kein Interesse. Amys weiteste Strecke waren bis dahin 237 Kilometer von London nach Hull gewesen.

Auf der Flugstrecke von London nach Istanbul hatte Amy Johnson noch keine ernsthaften Probleme zu bewältigen. Es störten sie – so schrieb sie in ihr Bordbuch – lediglich die Benzindämpfe, die aus den Zusatztanks strömten, welche statt des Passagiersitzes in ihr Flugzeug eingebaut waren.

Am dritten Tag nach dem Start musste Amy ihre erste große Herausforderung meistern: Das vor ihr liegende Taurusmassiv war rund 3.600 Meter hoch, ihre schwer beladene Maschine konnte aber nur bis etwa 3.300 Meter steigen. Nach vorsichtigem Herumsuchen im Nebel entdeckte Amy die Eisenbahnlinie der Bagdadbahn, an der sie entlang flog, bevor sie erleichtert in Aleppo (Syrien) landete.

Die nächste Etappe nach Bagdad verlief für Amy ebenfalls abenteuerlich. Kurz vor ihrem Ziel geriet sie in einen Sandsturm und sah nichts mehr. Ihr Flugzeug „Gipsy Moth" war nicht für einen Blindflug ausgerüstet und wurde vom Wind in die Wüste abgetrieben. Aus Sicherheitsgründen landete Amy mitten in der Wüste und hatte dabei das Glück, nicht in tiefen Sand zu geraten. Es vergingen drei Stunden, bis sich der Sturm legte und sie weiterfliegen konnte. Nach der Ankunft in Bagdad hatte sie keine Kraft mehr, die Wartungsarbeiten an ihrem Flugzeug selbst vorzunehmen und war überglücklich, dass ihr Mechaniker der „Imperial Airways" diese Arbeit abnahmen.

Beim Zwischenstopp in Karatschi (heute Pakistan) hatte Amy Johnson den australischen Piloten Bert Hinkler bereits um zwei Tage unterboten. Nun wurde die so genannte „Fliegende Sekretärin" schlagartig berühmt und die Presse riss sich um Berichte über ihren spektakulären Flug. Bei ihrer Ankunft in Allahabad (Indien) wurde Amy von einer Gruppe Journalisten empfangen.

Bei der Landung im strömenden Regen auf einem Fußballplatz in Rangun (Birma) bekam Amy Johnson Probleme mit dem

Amy Johnson im Juli 1930
in Kalgoorlie in West-Australien

weichen Untergrund. Ihr Flugzeug streifte ein Fußballtor und machte einen Kopfstand (so genanntes „Fliegerdenkmal"). Dabei wurden Propeller, Tragflächen und ein Teil des Fahrwerks beschädigt. Nach diesem Missgeschick war Amy am Boden zerstört. Doch Lehrer und Studenten des Ranguner Polytechnikums halfen ihr bei den Reparaturen, indem sie Streben nachbauten und zerbrochene Metallteile zusammenschweißten. Außerdem hatte Amy einen Ersatzpropeller auf den Rumpf ihrer Maschine gebunden. Zwei Tage später konnte sie nach Singapur weiterfliegen.

Während der nächsten Etappe geriet Amy Johnson über dem Meer zwischen Singapur und Java (Indonesien) in einen heftigen Sturm, mit dem sie sechs Stunden lang zu kämpfen hatte. Bei der Notlandung auf einer Zuckerrohrplantage beschädigten Pflöcke, die für den Grundriss eines neuen Hauses eingerammt worden waren, die Bespannung der unteren Tragflächen schwer. Weil sie kein anderes Material zur Verfügung hatte, reparierte sie den zerrissenen Stoff mit Klebestreifen.

Nach diesem Abenteuer folgte ein rund 800 Kilometer langer Flug über das Wasser der von allen Piloten gefürchteten Timor-See. Um auf dieser Etappe nicht einzuschlafen, sang Amy, bis sie das dem australischen Kontinent vorgelagerte Melville Island erreichte.

Am 24. Mai 1930 landete Amy Johnson mit Freudentränen in den Augen auf dem Flughafen von Port Darwin (Australien). Für ihren Flug von England nach Australien hatte sie vier Tage mehr gebraucht als Bert Hinkler. Ungeachtet dessen wurde sie durch diesen Flug zum Star unter den weiblichen Fliegern jener Zeit. In Australien ehrte man sie mit dem Schlager „Johnnie's in Town" („Johnnie" hieß ihr Spitzname) und in England mit dem Song „Amy, wonderful Amy".

Nach der Rückkehr in England verlieh König George V. (1865–1936) der mutigen Amy den „Orden des britischen Empire". Die menschenscheue Pilotin musste Geschenke (darunter ein

Amy Johnson auf einer Postkarte von 1930/1931

Auto, ein Motorboot und ein neues Flugzeug) und Ehrungen entgegennehmen, Vorträge halten und Berichte schreiben, was ihr nicht leicht fiel. Noch während ihres Fluges hatte ihr Vater in ihrem Namen einen Exklusivvertrag mit der Tageszeitung „Daily News" abgeschlossen, der sie verpflichtete, in ganz England Veranstaltungen durchzuführen. Es folgten Flüge über Großbritannien, Feuerwerke, Bankette und Massenveranstaltungen auf Flugplätzen. Nach einer Woche erlitt Amy einen Nervenzusammenbruch und versteckte sich bei Freunden. Die „Daily Mail" drohte damit, sie würde Amy's Flugzeug beschlagnahmen, aber sie drohte, lieber würde sie die „Jason" verbrennen, als sie der Zeitung zu überlassen. Daraufhin wurde der Vertrag in beiderseitigem Vernehmen aufgelöst. 1934 erhielt sie auch die „Internationale Harmon Trophy" als „beste Fliegerin der Welt".

Für den Januar 1931 plante Amy Johnson einen aufsehenerregenden Winterflug von London über Sibirien nach China. Weil sie anscheinend so schnell wie möglich von England wegkommen wollte, ging sie schlecht vorbereitet an den Start. Ihr offenes, zweisitziges Flugzeug „Gipsy Moth Jason III" ging schon in Warschau (Polen) zu Bruch, als sie bei der Landung hart aufsetzte.

Ihr Missgeschick in Warschau zügelte Amy Johnsons Unternehmungslust nicht. Im Juli 1931 flog sie zusammen mit dem Mechaniker Jack Humphries in einer „Puss Moth" von de Havilland innerhalb von zehn Tagen von London nach Tokio. Dabei unterbot sie den bestehenden Geschwindigkeitsrekord für diese rund 16.000 Kilometer lange Strecke. In Chailar an der mongolischen Grenze verpasste sie knapp die deutsche Fliegerin Marga von Etzdorf (1907–1933), die allein nach Tokio unterwegs war. In Toko wurden Johnson und Humphries begeistert empfangen.

Im Juni 1932 flog Amy Johnson allein von London nach Kapstadt in Südafrika. Dabei lernte sie den Piloten Jim Molli-

*Amy Johnson und der Mechaniker Jack Humphries
im September 1931 in Japan*

Amy Johnson im Februar 1933
nach der Eröffnung der „Gala Motor Show" in London

Jim Mollison (1905–1959) und Ehefrau Amy im Jahre 1937

son (1905–1959) kennen, der dieselbe Strecke geflogen war und dabei einen Rekord aufgestellt hatte. Mollison war auch in nur neun Tagen – und somit in kürzerer Zeit als Amy – von England nach Australien geflogen. Amy und Jim haben sich bereits beim ersten Treffen in Südafrika sehr gut verstanden. Beim nächsten Treffen, das einige Wochen später in London stattfand, machte Jim der schüchternen Amy einen Heiratsantrag. Die Hochzeit der beiden Flugidole im Juli 1932 wurde von der britischen Presse gefeiert. Unter dem Einfluss von Jim Mollison verwandelte sich seine Ehefrau Amy von einer burschikosen Sportlerin zur eleganten, nicht ganz einfachen Dame.

Unmittelbar nach der Hochzeit unterbot Amy Johnson-Mollison den Rekord ihres Ehemannes auf der Strecke von London nach Kapstadt. Ab 1933 flogen die beiden gemeinsam. Im Juli 1933 planten sie einen Flug mit einer Maschine namens „Seafarer" von Wales nach New York City und von dort zurück über Bagdad nach Großbritannien. Ihr Flug über den Atlantik dauerte 29 Stunden. In Bridgeport (Connecticut) musste der übermüdete Jim Mollison, der am Steuer saß, das Flugzeug notlanden. Die Maschine setzte auf der zu kurzen Landebahn schlecht auf und landete in einem Sumpf. Pilot und Kopilotin erlitten Schnittwunden am Kopf und Prellungen. In der Nacht nahmen Andenkenjäger das beschädigte Flugzeug bei der Suche nach Souvenirs auseinander. Damit war dieser Flug bereits nach der ersten Etappe zu Ende.

Enttäuscht kehrte Jim Mollison nach England zurück. Amy dagegen blieb noch eine Zeitlang in den USA und hielt dort Vorträge, um mit dem Erlös wenigstens einen Teil der hohen Kosten ihres Fluges bezahlen zu können. Während ihrer Vortragstournee wurde Amy von Präsident Franklin D. Roosevelt (1882–1945) und seiner Ehefrau Eleanor empfangen und lernte die legendäre amerikanische Fliegerin Amelia Earhart (1897–1937) kennen.

Im Herbst 1934 nahm das Ehepaar Mollison am „MacRo-
bertson-Luftrennen" („Victorian Centenary Air Race") von
Mildenhall bei Cambridge in England nach Melbourne in
Australien teil. Anlass war das 100-Jahr-Jubiläum des au-
stralischen Bundesstaates Victoria und dessen Hauptstadt
Melbourne. Namensgeber und Sponsor des Rennens wurde
der australische Schokoladenfabrikant Sir Macpherson
Robertson, der einen Betrag von 75.000 US-Dollar zur
Verfügung stellte. Bei diesem Wettbewerb brachen Amy und
Jim Mollison auf der Strecke von Mildenhall nach Karatschi
(Pakistan) den Nonstop-Rekord. Sie schafften diese Strecke
mit ihrer De Havilland-Comet-Maschine namens „Black
Magic" innerhalb von 22 Stunden. Doch bei der nächsten
Etappe nach Allahabad verflogen sie sich und schieden mit
einem Motorschaden aus.

In der Folgezeit häuften sich in der Presse unerfreuliche
Skandalgeschichten über Jim Mollison, in denen es um Exzesse
mit Drogen, Alkohol und Frauen ging. 1938 kam es zur
Scheidung. Amy nahm danach wieder ihren eigenen Fami-
liennamen Johnson an, flog nur noch als Hobby und schrieb
Artikel und Bücher über ihre bisherigen Erlebnisse als Fliegerin.

Bei Ausbruch des Zweiten Weltkrieges (1939–1945) meldete
sich Amy Johnson für die „Royal Air Force" („RAF"). Weil
sie eine Frau war, wurde sie aber abgelehnt und flog schließlich
für die Frauensektion der „Air Transport Auxiliary" („ATA")
der britischen Luftwaffe. Dabei handelte es sich um eine
Gruppe erfahrener Piloten, die zwar bei der „RAF" selbst nicht
arbeiten durfte, aber Versorgungsflüge für RAF-Basen
übernahm. Rund 100 britische Pilotinnen leisteten dort Dienst
und Amy Johnson nutzte ihre Prominenz, um gegen schlech-
tere Bezahlung und Vorurteile gegenüber den weiblichen
Piloten zu protestieren. Auch ihr früherer Ehemann Jim
Mollison flog damals bei der „ATA".

Am 5. Januar 1941 war Amy Johnson damit beauftragt, allein eine zweimotorige „Airspeed Oxford Mk. II" von Prestwick nach Kidlington bei Oxford zu überführen. Sie flog mittags bei stürmischem Wetter los, machte einen Zwischenstopp in der Nähe von Blackpool, um ihre dort lebende Schwester Molly zu besuchen, kam danach aber nie am Ziel an. Man fand zwar Trümmerstücke ihrer abgestürzten Maschine, aber keine Leiche.

Die letzten Stunden von Amy Johnson sollen so abgelaufen sein: Amy wollte offenbar wegen schlechter Wetterbedingungen mit dem Flugzeug über die Wolken steigen. Weil dies aber nicht mehr möglich war, vereiste ihre Maschine und Amy entschloss sich das Flugzeug aufzugeben und mit dem Fallschirm abzuspringen. Angeblich soll Amy die Orientierung verloren haben. So glaubte sie vermutlich, Land unter sich zu haben, stattdessen befand sich ihr Flugzeug in Nähe der Themsemündung.

Angeblich handelte es sich bei einer an einem Fallschirm hängenden Person, die von Besatzungsmitgliedern des britischen Dampfschiffes „Haslemer" gesichtet worden war, um die Pilotin Amy Johnson. Ihr soll ein Flugzeug gefolgt sein, das abdrehte und ins Wasser stürzte. Der Kapitän des Schiffes beobachtete, dass der Fallschirm alle Befreiuungsversuche der an ihm festgezurrten Person verhinderte. Das Schiff änderte seinen Kurs, fuhr auf den im Wasser schwimmenden Fallschirm mit Pilotin zu, lief aber auf Grund, bevor es sein Ziel erreichte. Der Kapitän ging beim Rettungsversuch über Bord. Die Person mit dem Fallschirm soll noch mit einer Frauenstimme gerufen haben „Schnell, bitte macht schnell!", verschwand jedoch unter dem Heck des Schiffes, bevor die Matrosen sie retten konnten. Der Kapitän starb einige Stunden später an Unterkühlung.

Hundert Jahre nach ihrer Geburt wurde Amy Johnson-Mollison eine besondere Ehre zuteil. „Women in Aviation Inter-

„Amy Johnson Building" der „University of Sheffield"
in der Portobello Street.
In diesem Gebäude befindet sich das „Department of Automatic
Control and Systems Engineering".

Foto auf Seite 21:

Denkmal der Fliegerin Amy Johnson
in der Prospect Street der Geburtsstadt Hull

national" wählte sie 2003 zu einer der 100 wichtigsten Frauen in der Luftfahrt. Ein Gebäude der „University of Sheffield" in der Portobello Street trägt den Namen „Amy Johnson Building". Es beherbergt das „Department of Automatic Control and Systems Engineering". Im Geburtsort Hull von Amy Johnson erinnert in der Prospect Street ein Denkmal an sie.

Daten und Fakten

4. Juni 1784: Die französische Opernsängerin Elisabeth Thible, nach anderer Schreibweise auch Tible, fliegt in Lyon als erste Frau in einem Heißluftballon (Montgolfière) mit.

10. November 1798: Die Französin Jeanne Labrosse (1775–1845), die Ehefrau des Luftakrobaten André-Jacques Garnerin (1769–1823), unternimmt als erste Frau selbstständig einen Flug in einem Ballon.

12. Oktober 1799: Jeanne Labrosse wagt als erste Frau der Welt aus einer Höhe von rund 900 Metern einen Fallschirmsprung.

7. Juli 1819: Die erste professionelle Luftschifferin Frankreichs, Madeleine Sophie Blanchard (1778–1819), kommt in Paris bei einer Ballonfahrt als erste Frau beim Fliegen ums Leben.

Um 1850: Die französische Fallschirmspringerin Rosalie Poitevin (1819–1908) stellt in Parma (Italien) mit einem Sprung aus rund 2.000 Metern einen Frauenrekord auf, der erst 1931 von der Deutschen Lola Schröter (1906–1953) überboten wird.

4. Juli 1880: Mary Hawley Myers (1849–1932) unternimmt in Little Falls (New York) als erste Amerikanerin einen Alleinflug mit einem Ballon.

19. Juli 1893: Käthe Paulus (1868–1935) unternimmt in Nürnberg (Bayern) zusamen mit ihrem Verlobten Hermann Lattemann (1852–1894) ihren ersten Ballonflug. Sie gilt als erste Luftschifferin in Deutschland.

1893: Die Luftschifferin Käthe Paulus wird in Elberfeld bei Wuppertal die erste deutsche Fallschirmspringerin.

9. Juli 1903: Die Amerikanerin Aida de Acosta (1884–1962) unternimmt in Paris als erste Frau einen Alleinflug in einem lenkbaren Luftschiff.

1906: Die Amerikanerin E. Lillian Todd (1865–1937) entwirft und baut als erste Frau ein Flugzeug, das allerdings nie fliegt.

8. Juli 1908: Die französische Bildhauerin Therésè Peltier (1873–1926) unternimmt in Turin (Italien) an Bord eines Doppeldeckers zusammen mit dem französischen Piloten Léon Delagrange (1873–1910) den ersten Flug mit einem weiblichem Passagier.

7. Oktober 1908: Edith Berg fliegt als erste Amerikanerin in Le Mans (Frankreich) in einem Flugzeug mit. Sie ist eine Passagierin des amerikanischen Luftpioniers Wilbur Wright (1867–1912) und die Ehefrau von Hart O. Berg, des europäischen Agenten von Wright.

26. Oktober 1909: Die Französin Marie Marvingt (1875–1963) fliegt als erste Frau mit einem Ballon von Frankreich nach England.

8. März 1910: Die französische Schauspielerin Raymonde de Laroche (1844–1919) wird die erste Pilotin der Welt.

9. April 1910: Hélène Dutrieu (1877–1961) wird die erste Pilotin in Belgien.

19. April 1910: Hélène Dutrieu fliegt als erste Frau der Welt einen Passagier.

Sommer 1910: Hilda Hewlett (1864–1943) wird Mitbegründerin der ersten Flugschule in England.

2. September 1910 (oder 6. September oder Mitte Oktober): Blanche Stuart Scott (1889–1970) wird angeblich die erste amerikanische Pilotin. Ihr Flug wird von der „Aeronautical Society of America" nicht anerkannt, weil er zufällig erfolgt.

16. September 1910: Bessica Medlar Raiche (1875–1932) wird angeblich die erste amerikanische Pilotin.

8. November 1910: Marie Marvingt wird die dritte Frau mit Pilotenlizenz in Frankreich.

1. August 1911: Harriet Quimby (1875–1912) wird die erste Amerikanerin mit Pilotenlizenz.

10. August 1911 (4. September 1911) : Lidija Swerewa (1890–1916) wird die erste Pilotin in Russland.

17. August 1911: Matilde Moissant (1878–1964) wird die zweite Amerikanerin mit Pilotenlizenz.

29. August 1911: Hilda Hewlett wird erste Britin mit Pilotenlizenz.

4. September 1911: Harriet Quimby unternimmt als erste Frau einen Nachtflug.

13. September 1911: Melli Beese-Boutard (1886–1925) legt als erste Deutsche die Pilotenprüfung ab.

10. Oktober 1911: Beatrix de Rijk (1883–1958) wird eine der ersten Pilotinnen in Holland.

Dezember 1911: Die Amerikanerinnen Harriet Quimby und Matilde Moisant (1878–1964) unternehmen als erste Pilotinnen einen Flug über Mexiko.

16. April 1912: Harriet Quimby überfliegt als erster weiblicher Pilot den Ärmelkanal (Englischer Kanal).

Juli 1912: Lilly Steinschneider (1891–1975) wird die erste Pilotin in Österreich-Ungarn.

2. September 1912: Die Französin Jeanne Pallier (1871–1939) fliegt bei ihrer Pilotenprüfung als erste Frau über Paris.

1912: Die Pilotin Ruth Law (1887–1970) fliegt als zweite Amerikanerin bei Nacht.

21. November 1912: Die russische Pilotin Ljuba Galanschikoff (1884–1968) stellt einen Höhenweltrekord für Frauen auf. Sie erreicht mit einem geliehenen Fokker-Eindecker eine Höhe von 2.000 Metern.

5. Januar 1913: Rosina Ferrario (1888–1959) wird die erste Pilotin in Italien, die vor dem Ersten Weltkrieg eine Fluglizenz erhält,

31. Juli 1913: Die amerikanische Pilotin Alys McKey („Tiny") Bryant (1880–1954) unternimmt in Vancouver den ersten Flug einer Frau in Kanada. Ihre Flüge in Kanada waren Teil des Unterhaltungsprogramms für den Prinzen von Wales und den Herzog von York, die Vancouver und Victoria be-suchen.

20. August 1913: Ljuba Galanschikoff unternimmt zusammen mit dem Piloten Léon Letort (1888–1913) den ersten Flug innerhalb eines Tages von Berlin nach Paris.

September 1913: Katherine Stinson (1891–1977) betätigt sich in Montana als erste Luftpostpilotin der USA.

1913: Hélène Dutrieu wird erstes weibliches Mitglied der „Pariser Luftwache" und schützt die französische Hauptstadt im Ersten Weltkrieg (1914–1918) vor Angriffen deutscher Flugzeuge und Militärluftschiffe.

19. Mai 1914: Die russische Pilotin Lydija Swerewa (1890–1916) fliegt in Riga (Litauen) als erste Frau einen Looping (Kunstflugfigur in senkrechter Kreisbahn).

6. Juni 1914: Else Haugk (geboren 1889) wird die erste Pilotin der Schweiz.

1914: Prinzessin Eugenie Michailowna Shakhovskaya (1889–1920) wird die erste russische Militärpilotin. Sie unternimmt als Fähnrich im Dienste des Zaren etliche Aufklärungsflüge.

1915: Marjorie Stinson (1896–1975 und Katherine Stinson (1891–1977) betreiben mit ihrer Mutter Emma Beaver Stinson in Texas die erste von Frauen geleitete Flugschule.

17. Januar 1915: Ruth Law (1887–1970 wagt in Daytona Beach (Florida) als erste amerikanische Pilotin einen Looping. Katherine Stinson glückt dieses Kunststück am 18. Juli 1915 über dem Flugplatz „Cicero Field" in Chicago.

1915: Nahdeshda Degtera, deren Geburts- und Todesdatum unbekannt sind, ist die erste russische Pilotin, die bei einem Kampfeinsatz im Ersten Weltkrieg verwundet wird.

1916: Die Deutsche Käthe Paulus erfindet den zusammenlegbaren Fallschirm.

12. Juli 1919: Raymonde de Laroche stellt einen Höhenrekord für Frauen auf (4.800 Meter).

1919: Ruth Law befördert als erster Flieger Luftpost zu den Philippinen.

30. Mai 1920: Elsa Andersson (1897–1922) wird die erste schwedische Pilotin.

15. August 1920: Die amerikanische Pilotin Laura Bromwell (1899–1920) fliegt 87 Loopings und schafft damit einen Weltrekord.

1. April 1921: Die französische Pilotin Adrienne Bolland (1896–1975) fliegt als erste Frau über die Anden.

Mai 1921: Laura Bromwell fliegt 199 Loopings und stellt damit einen neuen Weltrekord auf.

15. Juni 1921: Die schwarze Amerikanerin Bessie Coleman (1893–1926) erhält in Frankreich ihre Fluglizenz und wird die erste afro-amerikanische Pilotin.

2. Oktober 1921: Elsa Andersson ist nach einem Absprung in Kristianstad die erste schwedische Fallschirmspringerin.

8. April 1922: Teresa de Marzo (1903–1986) wird die erste Pilotin in Brasilien.

1922: Tadashi Hyodo (1899–1980) wird die erste Pilotin in Japan.

3. September 1922: Bessie Coleman unternimmt den ersten öffentlichen Flug einer afro-amerikanischen Pilotin in den

USA. Dabei springt der farbige Stuntman Hubert Fauntleroy Julian mit einem Fallschirm ab.

Oktober 1922: Lillian Gatlin aus Santa Ana (Kalifornien) wird die erste Passagierin bei einem Flug über Amerika. Sie reist von San Francisco (Kalifornien) nach Mineola (New York). Der 2.680 Meilen-Nonstop-Flug dauert 27 Stunden 11 Minuten.

1925: Thea Rasche (1899–1971) wird erste Deutsche mit Kunstflugschein.

1925: Kwon Ki-ok (1901–1988) wird die erste Pilotin aus Korea.

1925: Lady Mary Heath (1896–1939) erhält als erste Frau in Großbritannien eine kommerzielle Fluglizenz.

28. März 1927: Millicent Maude Bryant (1878–1927) wird die erste Pilotin in Australien.

Mai 1927: Lady Mary Heath stellt mit 17.000 Fuß (ca. 5.100 Meter) einen Höhen-Weltrekord für Leichtflugzeuge auf.

Ende August 1927: Prinzessin Anne Löwenstein-Wertheim (1864–1927) scheitert beim Versuch einer Atlantiküberquerung von England nach Amerika und kommt dabei ums Leben.

September 1927: Elinor Smith wird im Alter von 16 Jahren die damals jüngste Pilotin der USA.

1927: Phoebe Fairgrave Omlie (1902–1975) wird die erste von der „Civil Aeronautics Administration" („CAA") zugelassene Flugzeugmechanikerin der USA.

1927: Lady Mary Heath unternimmt als erste Frau einen Alleinflug von Südafrika nach England.

1927: Die irische Pilotin Mary Bayley (1890–1960) fliegt als erste Frau über die Irische See.

Oktober 1927: Die Amerikanerin Ruth Elder (1902–1977) scheitert beim Versuch einer Atlantiküberquerung von England nach Amerika.

Januar 1928: Ruth Rowland Nichols (1901–1960) unternimmt zusammen mit dem Piloten Harry Rogers den ersten Nonstop-Flug von New York nach Miami (Florida).

17. und 18. Juni 1928: Die amerikanische Fliegerin Amelia Earhart (1897–1937) fliegt zusammen mit dem Piloten Wilmer Stultz (1899–1929) und dem Mechaniker Louis Gordon von New York nach Paris. Sie ist die erste Frau, die an Bord eines Flugzeuges den Atlantik überquert.

27. Juli 1928. Lady Mary Heath fliegt als erste Frau der Welt ein Passagierflugzeug. Der Start erfolgt in Amsterdam (Niederlande), die Landung in Croydon (Großbritannien).

1928: Maryse Bastié (1898–1952) erwirbt als erste Französin den Führerschein für Passagierflugzeuge.

1928: Die deutsche Pilotin Marga von Etzdorf (1907–1933) wird erste Kopilotin der „Deutschen Luft Hansa" (damalige Schreibweise).

1928: Die irische Pilotin Mary Heath fliegt als erste Frau allein vom „Kap der Guten Hoffnung" (Südafrika) nach Kairo (Ägypten).

1928: Die amerikanische Pilotin Phoebe Fairgrave Omlie fliegt als erste Frau mit einem Leichtflugzeug über die Rocky Mountains.

Oktober 1928: Die deutsche Pilotin Erika Naumann stellt zusammen mit dem schweizerischen Fliegerhauptmann Wirth bei einem Flug von Böblingen (Süddeutschland) nach Wilna (Litauen) einen Weltrekord auf. Die Flugstrecke beträgt 1.305 Kilometer.

17. Dezember 1928: Die amerikanische Pilotin Marjorie Stinson wird bei der Gründungsversammlung der „Early Birds" in Chicago das erste weibliche Mitglied. Bedingung für die Aufnahme bei den „Early Birds" ist für Amerikaner, dass sie bereits vor dem Eintritt der USA in den Ersten Weltkrieg am 17. Dezember 1916 erstmals allein geflogen sind. Für Piloten aus Europa gilt der 4. August 1914 als Stichtag für die Aufnahme bei den „Early Birds".

1928/1929: Mary Bailey (1890–1960) fliegt als erste Frau allein von England nach Südafrika und wieder zurück. Hinflug vom 9. März bis 30. April 1928, Rückflug vom September 1928 bis 16. Januar 1929.

2. Januar 1929: Evelyn („Bobby") Trout unternimmt in Los Angeles (Kalifornien) als erste Frau einen Ganze-Nacht-Flug, der 12 Stunden 11 Minuten dauert.

1929: Florence „Pancho" Barnes" (1901–1975) wird die erste amerikanische Stuntpilotin. Sie wirkt in dem Film „Hells Angels" mit, der 1929 in die Kinos kommt.

1929: Phoebe Fairgrave Omlie wird die erste amerikanische Transportpilotin.

1929: Ilse Esser (1898–1994) promoviert als erste Deutsche in Luftfahrttechnik.

August 1929: Die britische Reporterin Grace Marguerite Hay Drummond-Hay (1895–1946) fliegt als erste Frau mit einem Luftschiff um die Welt. Der Flug erfolgt im deutschen Luftschiff „LZ-127 Zeppelin".

18. bis 26. August 1929: Die amerikanische Pilotin Louise Thaden (1905–1979) gewinnt das erste „Cleveland Women's Air Derby", den ersten Überlandflug-Wettbewerb für Pilotinnen, der scherzhaft als „Powder-Puff-Derby" bezeichnet wird. Der Start erfolgt in Santa Monica (Kalifornien), Ziel ist Cleveland (Ohio), gesamte Flugstrecke mehr als 2.700 Meilen (rund 4.500 Kilometer). Zweite wird Gladys O'Donnel, Dritte Amelia Earhart. Beim legendären „Powder-Puff-Derby" gehen ingesamt 20 Pilotinnen an den Start, von denen 18 aus den USA stammen: Florence („Pancho") Barnes, Marvel Crosson, Amelia Earhart, Ruth Elder, Claire Fahy, Edith Foltz, Mary Haizlip, Jessie Keith-Miller (Australien), Opal Kunz, Ruth Nichols, Gladys O'Donnell, Phoebe Omlie, Neva Paris, Margaret Penny, Thea Rasche (Deutschland), Louise Thaden, Bobbi Trout, Mary von Mach und Vera Dawn Walker. Davon erreichen 13 Frauen das Ziel. Den scherzhaften Begriff „Powder-Puff-Derby" („Puderquastenrennen") hat der Komiker Will Rogers (1879–1935) geprägt. Er beruht auf dem Kosmetik-Utensil, mit dem sich die Pilotinnen nach den Landungen puderten.

2. November 1929: Amelia Earhart gründet zusammen mit vier anderen bekannten Pilotinnen auf dem Flugplatz „Curtiss Field" in Valley Stream, Long Island (New York), den „Club der Neunundneunzig" („Ninety Nines"), der die Stellung der Frauen in der Luftfahrt stärken soll. Einen solchen Club hatte

Clara Trenckman Studer, eine flugbegeisterte Assistentin und Helferin ohne Pilotenschein, angeregt. Die Einladung zur Gründungsversammlung war am 9. Oktober 1929 an 117 Pilotinnen in den USA verschickt und von Fay Gillis, Margorie Brown, Frances Harrel und Neva Paris unterzeichnet worden. Zur Gründungsversammlung kommen 26 Pilotinnen nach Valley Stream, nur vier davon mit dem Flugzeug, die anderen wegen schlechten Wetters mit dem Zug. Ein zweites Treffen erfolgt am 14. Dezember 1929 in New York City. Dabei macht Jean Davis Hoyt (gestorben 1988) den Vorschlag, den Club nach der Zahl der Frauen in den USA zu benennen, die einen Pilotenschein besitzen und Interesse an der Gründung des Clubs zeigen. Neva Paris soll die Wahl einer Präsidentin koordinieren, doch sie kommt Anfang 1930 bei einem Flugzeugabsturz ums Leben. Louise Thaden fungiert als „provisorische Präsidentin" des Clubs. Bald gehörten 99 Fliegerinnen zum Club und dessen Name steht fest. 1931 wird Amelia Earhart zur Präsidentin gewählt und bleibt dies bis 1933. „Ninety Nines" behauptet sich bis heute und zählt derzeit weltweit mehr als 20.000 Mitglieder.

November 1929: Die amerikanischen Pilotinnen Evelyn („Bobby") Trout (1906–2003) und Elinor Smith (geb. 1911) unternehmen den ersten Frauenflug mit Luftbetankung.

Dezember 1929: Amy Johnson (1903–1941) wird die erste Flugzeugmechanikerin in Großbritannien.

5. bis 24. Mai 1930: Die britische Pilotin Amy Johnson-Mollisson (1903–1941) fliegt als erste Frau allein von England nach Australien.

1930: Die britische Fliegerin Beryl Markham (1902–1986) wird die erste Berufspilotin Afrikas.

1930: Anne Morrow Lindbergh (1906–2001) wird die erste Segelfliegerin der USA.

6. März 1931: Ruth Rowland Nichols stellt mit 8.760,9 Metern einen Höhen-Weltrekord für Frauen auf.

13. April 1931: Ruth Rowland Nichols stellt mit 339,1 Stundenkilometern einen Geschwindigkeits-Weltrekord für Frauen auf.

1931: Leyla Mammadbeyova (1909–1989) wird die erste Pilotin in Aserbaidschan.

Juni 1931: Ruth Rowland Nichols scheitert beim Atlantiküberflug.

18. bis 29. August 1931: Die deutsche Pilotin Marga von Etzdorf (1907–1933) fliegt allein von Berlin nach Tokio.

1931: Pauline Mary Gower (1910–1947) betreibt den ersten Lufttaxidienst in Großbritannien.

1931: Die deutsche Pilotin Vera von Bissing (1906–2002) beherrscht als einzige Frau den Looping nach vorn.

1931: Die deutsche Fallschirmspringerin Lola Schröter (1906–1953) stellt mit einem Sprung aus 6.000 Metern Höhe einen Frauenrekord auf.

Oktober 1931: Hazel Ying Lee (1912–1944) erhält als eine der ersten chinesisch-amerikanischen Frauen eine Fluglizenz.

4. Dezember 1931: Die deutsche Fliegerin Elly Beinhorn (1907–2007) startet zu einem erfolgreichen Weltflug. Sie ist

die erste Frau, die alle fünf Erdteile mit dem Flugzeug überfliegt.

26. Dezember 1931: Die australische Pilotin Maude Rose „Lores" Bonney (1897–1994) unternimmt den längsten Ein-Tages-Flug einer Frau von Brisbane nach Wangaratta (1.600 Kilometer).

20. Mai 1932: Die amerikanische Fliegerin Amelia Earhart fliegt mit einem einmotorigen Flugzeug als erste Frau über den Atlantik. Sie startet in Harbor Grace (Neufundland) und landet unweit von Londonderry (Nordirland).

Mai 1932: Die deutsche Schauspielerin und Pilotin Antonie Strassmann (1901–1952) fliegt an Bord des Flugschiffes „Do-X" von den USA nach Deutschland. Sie ist die erste Europäerin, die als fliegender Passagier den Atlantik über-quert.

August/September 1932: Maude Rose „Lores" Bonney fliegt als erste Frau um Australien.

5. September 1932: Die amerikanische Pilotin Mary Haizlip (1910–1997) stellt in Cleveland (Ohio) mit 405,92 Stunden-kilometern einen Geschwindigkeitsrekord für Frauen auf.

1932: Die Chinesin Katherine Cheung (1904–2003) wird die erste Asiatin mit Pilotenlizenz in den USA.

1932: Ruthy Tu (gestorben 1969) wird die erste Pilotin in der Chinesischen Armee.

1932: Die deutsche Pilotin Rosl Richter und ihr Ehemann unternehmen mit einem Leichtflugzeug einen Weltflug.

1932: Der Fallschirmspringerin Lola Schröter gelingt ein Rekordsprung aus 7.300 Metern Höhe.

1932: Luise Hoffmann (1910–1935) wird erste Werkspilotin in Deutschland.

1932: Phoebe Fairgrave Omlie wird die erste Regierungsbeamtin für Luftfahrt in den USA.

1932: Fay Gillis Wells (1908–2002) fliegt als erste Amerikanerin ein sowjetisches Zivilflugzeug.

10. bis 21. April 1933: Maude Rose „Lores" Bonney fliegt mit einer Maschine des Typs „Gipsy Moth" namens „My little Ship" als erste Frau von Australien nach England (Start in Brisbane, Landung in London. Flugstrecke rund 20.000 Kilometer).

1933: Freda Thompson (1909–1980) wird die erste Fluglehrerin in Australien.

Mai 1934: Die Neuseeländerin Jean Batten (1909–1982) unternimmt als erste Frau einen Flug von England nach Australien und zurück.

1934: Die Französin Maryse Bastie (1898–1952) fliegt als erste Frau von Paris nach Tokio und zurück.

28. Januar bis 25. April 1934: Die Amerikanerin Laura Ingalls (1901–1967) unternimmt als erste Frau einen Alleinflug von Nordamerika nach Südamerika.

21. März 1934: Laura Ingalls fliegt als erste Amerikanerin über die Anden.

28. September bis 6. November 1934: Die australische Pilotin Freda Thompson unternimmt den ersten Alleinflug einer Frau von England nach Australien. Während dieser 39 Tage langen Flugreise muss sie 20 Tage auf ein Ersatzteil warten.

23. Oktober 1934: Die amerikanische Ballonfahrerin Jeannette Piccard (1895–1981) fliegt als erste Frau in die Stratosphäre: Sie steigt zusammen mit ihrem Ehemann Jean-Felix Picard (1884–1963) über dem Erisee in eine Höhe von 17.550 Metern auf.

31. Dezember 1934: Die Amerikanerin Helen Richey (1909–1947) wird die erste Pilotin bei einer planmäßigen Airline („Central Airlines").

Anfang 1935: Der amerikanischen Fliegerin Amelia Earhart glückt der erste Flug von Hawaii zum amerikanischen Festland. Diese Route ist länger als die Strecke von den USA nach Europa.

April 1935: Liesel Zangenmeister stellt in Rossitten (Ostpreußen) mit 12 Stunden 57 Minuten einen Dauer-Weltrekord im Segelflug auf.

1935: Amelia Earhart unternimmt als Erste einen Alleinflug von Los Angeles (Kalifornien) nach Mexico City (Mexiko), Flugzeit 13 Stunden 23 Minuten.

1935: Amelia Earhart unternimmt als Erste einen Alleinflug von Mexico City nach Newark, Flugzeit 14 Stunden 19 Minuten.

Ende 1935: Jean Batten fliegt als erste Frau von England nach Südamerika (Brasilien), Flugstrecke rund 5.000 Meilen (umgerechnet 8.000 Kilometer), Flugzeit 61 Stunden 15 Minuten

1936: Katarina Matanovic-Kulenovic (1913–2003) wird die erste kroatische Pilotin.

4./5. September 1936: Die englische Pilotin Beryl Markham (1902–1986) fliegt als erste Frau allein von London (England) über den Atlantik nach Nova Scotia (Kanada).

1936: Jean Batten fliegt als erste Frau über den Südatlantik.

1936: Laura Ingalls fliegt als erste Frau nonstop von der Ostküste zur Westküste der USA.

4. September 1936: Louise Thaden (1905–1979) und Blanche Noyes (1900–1981) besiegen als erste Frauen bei einem Flugwettrennen („Bendix Trophy Race") männliche Piloten. Sie fliegen sie von New York City nach Los Angeles in 14 Stunden 55 Minuten und stellen damit einen Weltrekord auf.

März 1937: Jean Burns wird im Alter von 17 Jahren die jüngste Pilotin in Australien.

17. Mai 1937: Die deutsche Fliegerin Hanna Reitsch (1912–1979) wird als erste Frau der Welt ehrenhalber zum Flugkapitän ernannt. Dieser Titel war sonst Flugzeugführern der „Deutschen Lufthansa" vorbehalten.

Mai 1937: Hanna Reitsch überquert als erste Pilotin der Welt im Segelflug die Alpen.

Juni 1937: Die deutsche Pilotin Eva Schmidt (1914–1945) erreicht eine Weltbestleistung im Segelflug-Streckenflug für

Frauen vom Hornberg (Schwäbische Alb) nach Plauen im Vogtland (Sachsen) und einen Dauerflug-Rekord von 14 Stunden.

Juni 1937: Inge Wetzel stellt in Rossitten (Ostpreußen) mit 18 1/2 Stunden einen Segelflug-Weltrekord im Dauerflug auf, wird aber bereits im Juli 1937 von Feodora Schmidt übertroffen.

1937: Amelia Earhart fliegt – im Rahmen ihrer Erdumrundung – als Erste vom Roten Meer nach Indien.

2. Juli 1937: Amelia Earhart und ihr Navigator Fred Noonan (1893–1937) kehren von ihrer geplanten spektakulären Erdumrundung nicht mehr zurück. Um das ungeklärte Verschwinden der Beiden im Pazifik ranken sich zahlreiche Legenden.

4. Juli 1937: Hanna Reitsch fliegt in Bremen als erste Frau einen Hubschrauber.

1937: Maude Rose „Lores" Bonney fliegt als erste Frau allein von Australien (Brisbane) nach Südafrika (Kapstadt), Flugstrecke 29.088 Kilometer.

1937: Sabiha Gökcen (1913–2001) wird die erste Kampfpilotin der Türkei. Sie fliegt Kampfeinsätze in Thrakien und in der Ägäis.

1937: Die deutsche Fliegerin Melitta Schenk Gräfin von Stauffenberg (1903–1945), geborene Melitta Schiller, besitzt als einzige Frau Deutschlands alle Flugzeugführerscheine für sämtliche Klassen von Motorflugzeugen und Segelflugzeugen sowie den Kunstflugschein.

1937: Die Argentinierin Susanna Ferrari Billinghurst (1914–1999) erwirbt als erste Frau in Südamerika einen kommerziellen Pilotenschein.

1937: Die russischen Pilotinnen Marina Raskowa (1912–1943) und Walentina Stepanowna Grisodubowa (1910–1993) stellen mit einem Nonstop-Flug über 1.443 Kilometer einen Frauenweltrekord auf.

1937: Die amerikanische Fliegerin Jacqueline Cochran (1906–1980) macht als erste Frau einen Blindflug (Instrumentenlandung).

28. Oktober 1937: Melitta Schenk Gräfin von Stauffenberg erhält – nach Hanna Reitsch – als zweite Frau der Welt den Titel „Flugkapitän".

Frühjahr 1938: Hanna Reitsch, die erste Frau mit Helikopter-Lizenz, unternimmt in der riesigen Berliner Deutschlandhalle mit einem Hubschrauber den ersten Hallenflug der Welt.

2. Juli 1938: Den russischen Pilotinnen Walentina Stepanowna Grisodubowa (1910–1993), Wera Lomako (geboren 1913), Polina Ossipenko (1907–1939) und Marina Raskowa (1912–1943) gelingt ein Weltrekord-Fernflug für Frauen von Sewastopol nach Archangelsk über 2.416 Kilometer.

24./25. September 1938: Marina Raskowa, Walentina Stepanowna Grisodubowa und Polina Ossipenko stellen mit einem 5.908,610 Kilometer langen Fernflug von Moskau nach Kerbi unweit des Ochotskischen Meeres einen Weltrekord für Frauen auf. Am 2. November 1938 erhalten sie für diesen Weltrekord-Fernflug als erste Frauen der sowjetischen Geschichte den Titel „Held der Sowjetunion".

1939: Willa Brown Chappell (1906–1992) wird die erste Afro-amerikanerin mit kommerzieller Pilotenlizenz in den USA

1939/1940: Beate Köstlin (1919–2001), später Beate Uhse, wirkt als erste deutsche Stuntpilotin in den Filmen „D III 88" (1939) und „Achtung, Feind hört mit" (1940) mit.

1. Juli 1941: Die Amerikanerin Jacqueline Cochran überführt als erste Frau einen Bomber über den Atlantik.

Ab 1941: Marina Raskowa und sechs andere weibliche Offiziere organisieren drei nur aus Frauen bestehende sowjetische Fliegerregimenter. Am Ende der Ausbildung werden in Engels drei Regimenter aufgestellt: das 586. Jagdfliegerregiment mit „Jak-2", das 587. Tagbomberregiment mit „Pe-2"-Flugzeugen und das mit „U-2" ausgerüstete 588. Nachtbomberregiment („Nachthexen"). Kommandantinnen des 586. Jagdflieger-regiments sind: Lydia Litvak, Raisa Belyayeva, Tamara Pa-myatnykh, Raya Surnachevskaya, Marina Kuznetsova. Kommandantinnen des 587. Tagbomberregiments: Kladiya Fomicheva, Marina Raskowa, Nadeshda Fedutenko. Kommandantinnen des 588. Nacht-bomberregiments: Yevodokya Bershanskaya, Yevgeniya Zhi-gulenko, Tatyana Makorova, Yevdokia Nosal, Nina Ulynenko.

Oktober 1942: Hanna Reitsch fliegt in Augsburg bei „Messerschmitt" das erste Raketenflugzeug der Welt.

21. März 1943: Cornelia Clark Fort (1919–1943) stirbt bei der Überführung einer Maschine des Typs „BT-13A" als erste Pilotin im Dienst der US-Army, als sie über Merkel, Taylor County (Texas), mit einem anderen Flugzeug zustammenstößt. An sie erinnert der 1945 nach ihr benannte „Cornelia Fort Airport" in Nashville (Tennessee).

14. Okober 1944: Die Amerikanerin Ann G. Baumgartner Carl (1918–2008) ist die erste Frau in einem Turbojet-Kampfflieger.

1948: Betty Skelton Frankman Erde (geboren 1926) wird die erste US-Meisterin in Luftakrobatik.

1949: Betty Skelton Frankman Erde stellt mit 7.853 Metern einen Höhenweltrekord für Frauen auf.

16. September 1950: Nancy Bird Walton (1915–2009) gründet die australische Pilotinnenorganisation „Australian Women Pilot's Association" („AWPA")

März 1951: Die deutsche Pilotin Liesel Bach (1905–1992) fliegt als erste Frau über den Himalaja.

1951: Betty Skelton Frankman Erde stellt mit 8.850 Metern einen weiteren Höhenweltrekord für Frauen auf.

April 1953: Iris Wittig (1928–1978) fliegt zusammen mit einem sowjetischen Instrukteur als einer der ersten Piloten in einer „MiG-15UTI", dem ersten Strahlflugzeug der „DDR".

4. Juni 1953: Die amerikanische Pilotin Jacqueline Cochran erreicht mit einem Düsenjäger des Typs „F-86 Sabre" eine Durchschnittsgeschwindigkeit von 1.042 Stundenkilometern und durchbricht dabei in Sturzflügen aus 14.000 Meter Höhe als erste Frau zwei Mal die Schallmauer.

August 1953: Die französische Fliegerin Jacqueline Auriol (1917–2000) durchbricht mit einem Düsenjäger des Typs „Mystère" mit einer Geschwindigkeit von 1.195 Stundenkilometern als erste Europäerin die Schallmauer (Mach1).

1960-er Jahre: Jerrie Cobb besteht als erste Amerikanerin alle drei Tests für das von Jacqueline Cochran finanzierte Programm „Mercury 13". Mit diesem privat finanzierten Programm, das nicht Teil der Astronautenrekrutierung der „NASA" ist, will man beim Wettrennen im Weltraum mit der ersten Frau im All der Sowjetunion zuvorkommen. Der Name des Projektes beruht darauf, dass von den insgesamt 20 getesteten Frauen 13 die Tests bestehen: außer Jerrie Cobb später auch Myrte Cagle, Jan Dietrich, Marion Dietrich, Wally Funk, Janey Hart, Jean Hixson, Gene Nora Stumbough, Irene Leverton, Bernice Steadman, Sarah Ratley, Jerri Truhill und Rhea Woltman. Jerry Cobb, Rhea Hurle und Wally Funk unterziehen sich in Oklahoma City noch weiteren Tests und einer psychologischen Bewertung. Wenige Tage, bevor einige Frauen sich erweiterten Tests in Pensacola (Florida) in der „Naval School of Aviation Medicine" mit Militärausrüstung und Jets unterziehen sollen, erhalten sie ein Telegramm, in dem der Abbruch des Projekts mitgeteilt wird. Die Navy ist nicht bereit, ihr Equipment für ein inoffizielles Projekt bereitzustellen. Im Mai 2007 verleiht die „University of Wisconsin-Oshkosh" den damals noch acht lebenden Frauen von „Mercury 13" Ehrendoktortitel für ihren „Pioniergeist und die Anstrengungen bei der Weiterentwicklung der Frauenrechte".

16. Juni 1963: Die russische Kosmonautin Walentina Tereschkowa startet in Baikonur (Kasachstan) an Bord des Raumschiffes „Wostock VI" als erste Frau ins Weltall. Sie umkreist 49 Mal die Erde, bevor sie am 19. Juni 1963 in Novosivbirsk landet.

26. August 1963: Diana Barnato Walker (1918–2008) durchbricht als erste Britin die Schallmauer.

19. März bis 17. April 1964: Geraldine „Jerry" Mock fliegt als erste Amerikanerin erfolgreich um die Welt. Vor ihr hatte dies 1931 schon die deutsche Fliegerin Elly Beinhorn getan. Weil der Weltflug von Elly Beinhorn in den USA nicht allgemein bekannt ist, wird Geraldine „Jerry" Mock dort oft irrtümlich als Frau erwähnt, die als Erste um die Welt geflogen sein soll.

Juni 1966: Berta Zeron (1924–2000) wird die erste Frau in Mexiko mit einem kommerziellen Pilotenschein.

1966: Die britische Pilotin Sheila Scott (1927–1988) fliegt 50.000 Kilometer in 189 Flugstunden.

1967: Ursula Bühler-Hedinger (1943–2009) wird die erste schweizerische Linienpilotin und Jetpilotin.

28. März 1967: Fiorenza de Bernardi wird die erste Airline-Pilotin in Italien (nach eigenen Angaben die fünfte der Welt) und im selben Jahr in ihrem Heimatland auch der erste weibliche Flugkapitän.

1969: Turi Wideroe wird der erste weibliche Luftverkehrspilot bei einer großen Fluggesellschaft in Norwegen – bei „Scandinavian Airlines Systems" („SAS").

28. Juni 1971: Die amerikanische Pilotin Louise Sacchi (1913–1997) stellt bei einem Flug von New York nach London innerhalb von 17 Stunden 10 Minuten einen Geschwindigkeitsrekord auf.

1971: Sheila Scott fliegt bei einem Langstreckenflug über 50.000 Kilometer als erste Frau mit einem Leichtflugzeug über den Nordpol.

29. Januar 1973: Emily Howell Warner wird die erste Pilotin für eine kommerzielle Airline in den USA.

22. Februar 1974: Barbara Ann Rainey (1948–1982) wird die erste Pilotin der „United States Navy".

4. Juni 1974: Sally Murphy qualifiziert sich als erste Frau als Pilotin für die „United States Army".

1974: Die Italienerin Fiorenza di Bernardi wird die erste Gletscherpilotin der Welt.

1974: Die Amerikanerin Marry Barr wird die erste Pilotin in der Forstwirtschaft („United States Forest Service") der Vereinigten Staaten.

1974: Captain Leslie F. Kenne wird die erste Frau an der Testpilotenschule der US-Luftwaffe.

1974: Wally Funk wird die erste Inspektorin der Flugsicherung innerhalb der amerikanischen Verkehrsbehörde „National Transportation Safety Board" („NTSB") in Washington D.C. Die „NTSB" befasst sich mit der Aufklärung von Unglücksfällen im Transportwesen (Eisenbahnen, Luftfahrt, Schifffahrt, Pipelines und Autobahnen). Für die Luftfahrt entspricht der Aufgabenbereich der Bundesstelle für Flugunfalluntersuchung in Deutschland.

Ende 1976: Die deutsche Pilotin Rita Maiburg (1951–1977) wird der erste und einzige weibliche Flugkapitän im regulären Liniendienst der westlichen Welt. Die Bulgarin Maria Atanasova kommandiert damals eine düsengetriebene Frachtmaschine, die Engländerin Yvonne Sintes ist Captain bei einer britischen Chartergesellschaft.

6. Juni 1976: Emily Howell Warner wird der erste weibliche Kapitän einer US-Airline.

1976: Rosemary Bryant Mariner fliegt als erste Frau ein leichtes Kampfflugzeug.

1978: Rhea Seddon (geb. 1947) , Kathryn Sullivan (geb. 1951), Judith A. Resnik (1949–1986), Sally Kristen Ride (geb. 1951), Anna Lee Fisher (geb. 1949) und Shannon Lucid (geb. 1942) werden als erste Frauen in das Astronautencorps der „NASA" aufgenommen.

11. April 1980: Eleanor Conn unternimmt mit ihrem Ehemann Sidney Conn die erste Ballonfahrt über den Nordpol.

2. Juli 1980: Die Amerikanerin Lynn Rippelmeyer fliegt als erste Frau einen Jumbo-Jet „Boeing 747".

3. Dezember 1980: Die Amerikanerin Janice Brown unternimmt in der Nähe von Marana (Arizona) mit einem kleinen Solarflugzeug namens „Solar Challenger" den ersten Langstrecken-Solarflug (Flugstrecke 6 Meilen, Flugzeit 22 Minuten).

1980: Deborah Jane Lawrie wird die erste Pilotin bei einer australischen Fluggesellschaft.

14. Februar 1981: Neta Snook (1896–1991) ist mit 85 Jahren die älteste Pilotin der USA.

11. März 1981: Die Amerikanerin Doris Grove stellt mit 1.127,68 Kilometern einen Segelflug-Weltrekord auf.

17. Dezember 1982: Die amerikanische Pilotin Mary Haizlip (1910–1997) wird als erste Frau in der Luft- und Raumfahrt in

die „Oklahoma Aviation and Space Hall of Fame" aufgenommen.

18. Juni 1983: Die Astronautin Sally Kristen Ride fliegt als erste Amerikanerin im Weltall.

1983: Regula Eichenberger wird die erste Linienpilotin bei einer schweizerischen Airline („Crossair").

19. Juli 1984: Die amerikanische Pilotin Lynn Rippelmeyer fliegt als erster weiblicher Kapitän mit einer „Boeing 747" über den Atlantik. Der Start erfolgt in Newark, die Landung in London-Gatwick.

19. Juli 1984: Die amerikanische Pilotin Beverly Lynn Burns fliegt als erster weibliche Kapitän mit einer „Boeing 747" über die USA. Ihr historischer Flug mit einer Maschine der Fluggesellschaft „PEOPLExpress" führt von Newark nach Los Angeles.

25. Juli 1984: Die sowjetische Kosmonautin Svetlana Sawitskaja unternimmt als erste Frau einen Spaziergang im Weltall.

11. Oktober 1984: Die Astronautin Kathryn Dwyer Sullivan unternimmt als erste Amerikanerin einen Spaziergang im Weltall.

14. Dezember 1986: Die amerikanische Astronautin Jeana Yeaeger startet zusammen mit Dick Rutan mit einem Voyager-Flugzeug zur ersten Nonstop-Weltraumumrundung ohne Auftanken und Zwischenlanden. Sie fliegen in 9 Tagen 3 Minuten 44 Sekunden eine Strecke von insgesamt 42.120 Kilometern.

1989: Gaby Kennard fliegt als erste Australierin mit einem Flugzeug des Typs „Piper Saratoga" namens „Gerty" in 99 Tagen allein um die Welt.

1990: Allana Arnot (geb. 1967) fliegt als erste Australierin mit einem Hubschrauber um die Welt.

1990: Rosemary Bryant Mariner wird die erste Kommandantin einer operativen Fliegerstaffel in den USA.

Winter 1990: Rosella Bjornsön wird der erste weibliche Kapitän für eine kommerzielle Fluggesellschaft in Kanada.

14. Mai 1992: Die amerikanische Astronautin Kathryn Thornton unternimmt den längsten Spaziergang im Weltall. Er dauert 7 Stunden 44 Minuten.

12. bis 20. September 1992: Carol Mae Jemison fliegt mit der Raumfähre „Endeauvour" als erste afro-amerikanische Austronautin im Weltall.

1. Oktober 1992: Die Amerikanerin Victoria („Vicki") von Meter (1982–2008) erregt als jüngste Fliegerin der Welt großes Aufsehen. Sie steuert als Zehnjährige erstmals ein Flugzeug,

25. März 1993: Die Britin Barbara Hamer ist die erste Frau, die – als Erster Offizier und Kopilotin – mit einem kommerziellen Überschallflugzeug fliegt. Dies geschieht bei einem Flug mit „British Airways" auf der „Concorde" von London nach New York City.

20. bis 23. September 1993: Vicki van Meter überfliegt im Alter von elf Jahren die USA – von Augusta (Maine) nach San Diego (Kalifornien).

1993: Sarah Deal wird erster weiblicher Pilot des „United States Marine Corps".

21. April 1994: Jackie Parker qualifiziert sich als erste Pilotin für das F-16-Kampfflugzeug.

4. bis 7. Juni 1994: Vicki van Meter überfliegt im Alter von zwölf Jahren den Atlantik.

12. Juli 1994: Die elfjährige Amerikanerin Katrina Mumaw wird das „schnellste Kind der Welt": Sie bricht zusammen mit einem russischen Piloten in einem „MiG-29"-Kampfjet die Schallmauer.

1994: Kara Hultgreen wird die erste Kampfpilotin der US-Marine in einer „F-14 Tomcat".

3. Oktober 1994 bis 22. März 1995: Die Russin Elena Kondakowa, nach anderer Schreibweise Yelena Vladimirovna Kondakova, unternimmt den ersten Dauerflug einer Frau im Weltall.

3. bis 11. Februar 1995: Eileen Collins wird die erste amerikanische Raumfährenpilotin bzw. Shuttlepilotin.

1995: Martha McSally unternimmt bei der Operation „Southern Watch" als erste Pilotin der US-Luftwaffe (von Kuwait aus) Kontrollflüge in feindlichem Gebiet (Irak). Sie ist die erste Pilotin der „U.S. Air Force", die mit einem Militärflugzeug über Feindgebiet fliegt.

22. März bis 26. September 1996: Shannon Lucid wird mit einem 188 Tage langen Flug die Amerikanerin, die sich am längsten im Weltraum aufhält.

19. November 1997: Kalpana Chawla (1961–2003) unternimmt mit der amerikanischen Raumfähre „Columbia" als erste Inderin einen Flug im Weltall.

16. Dezember 1998: Kendra Williams, Leutnant bei der „United States Navy", bombardiert bei der Operation „Desert Fox" als erster weiblicher Kampfpilot der USA über dem Irak ein feindliches Ziel.

12. Januar 1999: Erstmals ist das Cockpit einer „Swissair"-Maschine ausschließlich mit Frauen besetzt: Kapitän Gabrielle Musy-Lüthi und Kopilotin Claudia Wehrli fliegen einen „Airbus A320" von Zürich-Kloten nach Paris.

23. bis 28. Juli 1999: Eileen Collins wird die erste Kommandantin einer amerikanischen Raumfähre („Space Shuttle").

Januar bis Mai 2001: Die Britin Polly Vacher unternimmt als erste Frau mit einem Kleinflugzeug („Piper PA-28 Cherokee Dakota G-FRGN") – über Australien – einen Flug um die Welt.

6. Mai 2003 bis 27. April 2004: Polly Vacher fliegt von Birmingham aus über den Nordpol, die Antarktis und alle Erdteile. Damit wird sie die erste Frau, die allein die Polarregionen überquert. Bei diesem Unternehmen fliegt sie auch innerhalb von 16 Stunden von Hawaii nach Kalifornien.

Um 2005: Hanadi Zakaria al-Hindi wird der erste weibliche Flugkapitän in Saudi-Arabien.

13. März 2006: Die amerikanische Pilotin Elizabeth A. Okoreeh-Baah fliegt als erste Frau ein senkrecht startendes „V-22 Osprey Tiltrotor"-Flugzeug.

2006: Nicole Malachowski wird als erste Frau bei den „Thunderbirds", einer Kunstflugstaffel der Luftstreitkräfte der USA, aufgenommen.

18. bis 29. September 2006: Die amerikanisch-iranische Multimillionärin Anoushe Ansari wird der erste weibliche Weltraumtourist, der erste weibliche Muslim und die erste Iranerin im Weltraum. Sie startet am 18. September 2006 mit einem Sojus-Raumschiff zur „Internationalen Raumstation" („ISS"), erreicht am 20. September die „ISS" und kehrt am 29. September 2006 mit „Sojus TMA-8" zur Erde zurück.

Literatur

HARGRAVE THE PIONEERS, Aviation and Aeromodelling
– Interdependent Evolutions and Histories
www.ctie.monash.edu.au

HEATH, Sophie / MURRAY, Stella Wolfe: Woman and Flying,
London 1929

JOHNSON, Amy: Sky Roads of the World, London/
Edinburgh 1939

NINETY NINES www.ninety-nines.org

PFISTER, Gertrud: Fliegen – ihr Leben. Die ersten Pilotinnen,
Berlin 1989

PROBST, Ernst: Königinnen der Lüfte von A bis Z, München
2010

PROBST, Ernst: Königinnen der Lüfte in Europa, München
2010

PROBST, Ernst: Königinnen der Lüfte in England, Australien
und Neuseeland, München 2010

REBMANN, Jutta: Als Frau in die Luft ging. Die Geschichte
der frühen Pilotinnen, Köln 2007

THE EARLY BIRDS OF AVIATION
http://earlyaviators.com

WIKIPEDIA (Online-Lexikon) http://wikipedia.org

WOMEN IN AVIATION HISTORY
http://wiai.org/information/history.html

Bildquellen

Der Autor

Ernst Probst, geboren am 20. Januar 1946 in Neunburg vorm Wald im bayerischen Regierungsbezirk Oberpfalz, ist Journalist und Buchautor. Er arbeitete von 1968 bis 1971 als Redakteur bei den „Nürnberger Nachrichten", von 1971 bis 1973 in der Zentralredaktion des „Ring Nordbayerischer Tageszeitungen" in Bayreuth und von 1973 bis 2001 bei der „Allgemeinen Zeitung", Mainz. In seiner Freizeit schrieb er Artikel für die „Frankfurter Allgemeine Zeitung", „Süddeutsche Zeitung", „Die Welt", „Frankfurter Rundschau", „Neue Zürcher Zeitung", „Tages-Anzeiger", Zürich, „Salzburger Nachrichten", „Die Zeit", „Rheinischer Merkur", „Deutsches Allgemeines Sonntagsblatt", „bild der wissenschaft", „kosmos", „Deutsche Presse-Agentur" (dpa), „Associated Press" (AP) und den „Deutschen Forschungsdienst" (df). Aus seiner Feder stammen die Bücher „Deutschland in der Urzeit" (1986), „Deutschland in der Steinzeit" (1991), „Rekorde der Urzeit" (1992), „Dinosaurier in Deutschland" (1993 zusammen mit Raymund Windolf) und „Deutschland in der Bronzezeit" (1996). Ab 2000 veröffentlichte er eine 14-bändige Taschenbuchreihe über berühmte Frauen. Von 2001 bis 2006 betätigte sich Ernst Probst als Buchverleger.

E-Books über „Königinnen der Lüfte"

Aida de Acosta. Erster Alleinflug mit einem lenkbaren
Luftschiff
Amy Johnson-Mollison. Englands
erste Flugzeugmechanikerin
Elsa Andersson. Die erste Pilotin aus Schweden
Jacqueline Auriol. Sie durchbrach als erste Europäerin
die Schallmauer
Liesel Bach. Deutschlands erfolgreichste Kunstfliegerin
Pancho Barnes. Amerikas erste Stuntpilotin
Maryse Bastié. Die Fliegerin, die acht Weltrekorde brach
Jean Batten. Neuseelands berühmteste Pilotin
Melli Beese. Die erste Deutsche mit Pilotenlizenz
Elly Beinhorn. Deutschlands Meisterfliegerin
Vera von Bissing. Eine Kunstfliegerin
der 1930-er Jahre
Sophie Blanchard. Die erste professionelle Luftschifferin
Adrienne Bolland. Die erste Frau, die über die Anden flog
Hèléne Boucher. Die französische „Wunderfliegerin"
Kalpana Chawla. Die erste Inderin im Weltall
Jacqueline Cochran. Die „schnellste Frau der Welt"
Bessie Coleman. Die erste Afro-Amerikanerin mit
Pilotenschein
Eileen Collins. Die erste Raumfähren-Pilotin
Hèléne Dutrieu. Die erste Pilotin in Belgien
Amelia Earhart. Die erste Frau, die zwei Mal über den
Atlantik flog
Ruth Elder. Die erste Frau, die den Flug über den Atlantik
wagte
Marga von Etzdorf. Die tragische deutsche Fliegerin
Elise Garnerin. Die „Venus im Ballon"
Sabiha Gökcen. Die erste türkische Pilotin

Frances Wilson Grayson. Tragischer Flug über den Atlantik
Hilda Hewlett. Die erste britische Fliegerin
Maryse Hilsz. Die Rekordfliegerin aus Frankreich
Luise Hoffmann. Die erste deutsche Einfliegerin
Kara Spears Hultgreen. Die erste „F-14 Tomcat"-
Kampfpilotin
Laura Ingalls. Die erste Amerikanerin, die über Südamerika
flog
Carol Mae Jemison. Die erste afro-amerikanische
Astronautin
Amy Johnson-Mollison. Englands erste
Flugzeugmechanikerin
Thea Knorr. Eine frühe Fliegerin in München
Raymonde de Laroche. Die erste Pilotin der Welt
Ruth Law. Erste Luftpost für die Philippinen
Anne Morrow Lindbergh. Die erste Amerikanerin mit
Segelflugschein.
Anne Löwenstein-Wertheim. Die fliegende Prinzessin
Shannon Lucid. Der längste Raumflug einer Frau
Rita Maiburg. Einer der ersten weiblichen
Linienflugkapitäne
Beryl Markham. Die erste Berufspilotin in Ostafrika
Marie Marvingt. Die „Mutter der Luftambulanz"
Christa McAuliffe. Die amerikanische Nationalheldin
Victoria van Meter. Die jüngste Fliegerin der Welt
Jerry Mock. Im Alleinflug um die Erde
Mathilde Moisant. Eine frühe Fliegerin in den USA
Käthe Paulus. Deutschlands erste Luftschifferin
Thérèse Peltier. Die erste Flugzeugpassagierin der Welt
Harriet Quimby. Die erste Amerikanerin mit Flugschein
Bessica Medlar Raiche. Eine der ersten Fliegerinnen
in den USA
Barbara Allen Rainey. Die erste Marinepilotin der USA
Thea Rasche. The Flying Fräulein

60

Marina Raskowa. Eine fliegende „Heldin
der Sowjetunion"
Wilhelmine Reichard. Die erste Ballonfahrerin
in Deutschland
Hanna Reitsch. Die Pilotin der Weltklasse
Sally Kristen Ride. Die erste Amerikanerin
im Weltall
Swetlana Sawizkaja. Die erste Spaziergängerin im Weltall
Christl-Marie Schultes. Die erste Fliegerin in Bayern
Lisl Schwab. Die erste Kunstfliegerin in Bayern
Blanche Stuart Scott. Die erste Amerikanerin, die ein
Flugzeug flog
Melitta Schenk Gräfin von Stauffenberg.
Deutsche Heldin mit Gewissensbissen
Katherine Stinson und Marjorie Stinson. Die fliegenden
Schwestern
Kathryn Dwyer Sullivan. Rekordspaziergängerin
im Weltall
Walentina Tereschkowa. Die erste Frau im Kosmos
Élisabeth Thible. Die erste Passagierin einer Montgolfière
Kathryn Thornton. Berühmte Spaziergängerin
im Weltall
Sabine Trube. Die deutsche Düsenjet-Kommandantin
Beate Uhse. Deutschlands erste Stuntpilotin
Nancy Bird Walton. Australiens erste und jüngste
Verkehrspilotin

Bestellungen bei http://www.grin.com

Bücher von Ernst Probst

Der Schwarze Peter. Ein Räuber im Hunsrück
und Odenwald
Elisabeth I. Tudor. Die jungfräuliche Königin
Julchen Blasius. Die Räuberbraut des Schinderhannes
Frauen in der Luftfahrt
Königinnen der Lüfte von A bis Z
Königinnen der Lüfte in Deutschland
Königinnen der Lüfte in Frankreich
Königinnen der Lüfte in Europa
Königinnen der Lüfte in Amerika
Christl-Marie Schultes. Die erste Fliegerin in Bayern
(zusammen mit Theo Lederer)
Sturzflüge für Deutschland. Kurzbiografie der Testpilotin
Melitta Schenk Gräfin von Stauffenberg (zusammen mit
Heiko Peter Melle)
Tony und Bruno Werntgen. Zwei Leben für die Luftfahrt
(zusammen mit Paul Wirtz)
Königinnen des Films
Königinnen des Tanzes
Machbuba. Die Sklavin und der Fürst
Maria Stuart. Schottlands tragische Königin
Meine Worte sind wie die Sterne. Die Entstehung der Rede
des Häuptlings Seattle (zusammen mit Sonja Probst)
Superfrauen 1 – Geschichte
Superfrauen 2 – Religion
Superfrauen 3 – Politik
Superfrauen 4 – Wirtschaft und Verkehr
Superfrauen 5 – Wissenschaft
Superfrauen 6 – Medizin
Superfrauen 7 – Film und Theater
Superfrauen 8 – Literatur

Bestellungen bei www..grin.com